COLLECTION

DE FEU

M. F. BARROT

PARIS — JUIN 1907

COLLECTION

DE FEU

M. F. BARROT

CATALOGUE
DES
Belles Estampes Anciennes
DES ÉCOLES FRANÇAISE ET ANGLAISE DU XVIIIe SIÈCLE
Imprimées en noir et en couleurs

ESTAMPES JAPONAISES
DESSINS ET TABLEAUX ANCIENS
CADRES EN BOIS SCULPTÉ
ANCIENNES PORCELAINES DE CHINE, DE SAXE
ET AUTRES
ANCIENNES FAIENCES FRANÇAISES ET ÉTRANGÈRES
DE DELFT, MOUSTIERS, ROUEN, ETC.
OBJETS VARIÉS DE L'EXTRÊME-ORIENT
BRONZES D'ART ET D'AMEUBLEMENT
MEUBLES ANCIENS ET MODERNES

Composant la Collection de feu M. F. BARROT

Et dont la vente, après son décès, aura lieu

HOTEL DROUOT, SALLES Nos 9, 10 ET 11 RÉUNIES
Du Lundi 10 Juin au Jeudi 13 Juin 1907
A DEUX HEURES

COMMISSAIRE-PRISEUR
Me ANDRÉ COUTURIER, 56, rue de la Victoire
Successeur de Me Léon TUAL

EXPERTS

MM. PAULME & B. LASQUIN Fils	M. PAUL ROBLIN
10, rue Chauchat | 12, rue Laffitte	65, rue Saint-Lazare

EXPOSITIONS
PARTICULIÈRE : *Le Samedi 8 Juin 1907, de 1 heure 1/2 à 5 heures 1/2.*
PUBLIQUE : *Le Dimanche 9 Juin 1907, de 1 heure 1/2 à 5 heures 1/2.*

Entrée par la rue Grange-Batelière

CONDITIONS DE LA VENTE

Elle sera faite au comptant.

Les adjudicataires paieront *dix pour cent* en sus des enchères.

Les expositions mettant le public à même de se rendre compte de l'état et de la nature des objets mis en vente, aucune réclamation ne sera admise une fois l'adjudication prononcée.

Paris. — Imprimerie de l'Art. Ch. Berger et Cⁱᵉ, 41, rue de la Victoire.

ORDRE DES VACATIONS

Le Lundi 10 Juin 1907

Porcelaines du Japon, Poteries de Satzuma.	81 à 104
Porcelaines de Chine, bleu sur blanc	112 à 147
Faïences françaises et étrangères	289 à 333

Le Mardi 11 Juin 1907

Porcelaines de Chine de la Compagnie des Indes.	105 à 111
Porcelaines de Chine en couleur	148 à 231
Sculptures, Bois, Bronzes, Émaux cloisonnés d'Extrême-Orient. .	232 à 243

Le Mercredi 12 Juin 1907

Porcelaines de Saxe	244 à 281
Porcelaines européennes.	282 à 288
Vitraux anciens	343 à 347
Bronzes d'art, Objets divers	334 à 342
Bronzes d'ameublement	348 à 354
Meubles, Sièges.	355 à 366

Le Jeudi 13 Juin 1907

Estampes.	1 à 57
Dessins et aquarelles.	58 à 66
Tableaux.	67 à 69
Cadres	70 à 80

Nº 1. - FR. BARTOLOZZI.

DÉSIGNATION

ESTAMPES

DES ÉCOLES FRANÇAISE ET ANGLAISE

BARTOLOZZI
(FRANÇOIS)

1 — *Farren (Miss), depuis Comtesse de Derby.*

    D'après sir Thomas Lawrence, in-folio en pied.
    Superbe épreuve du premier état, avant la lettre, les noms d'artistes et l'adresse tracés à la pointe. Très grandes marges. De toute rareté en cet état de conservation.

BARTOLOZZI
(FRANÇOIS)

2 — *Marie-Christine, Archiduchesse d'Autriche, Duchesse de Saxe-Teschen, Gouvernante générale des Pays-Bas.*

    D'après le chevalier Roslin, 1782, in-fol.
    Superbe épreuve imprimée à la sanguine. Marges.

BAUDOUIN
(D'après PIERRE-ANTOINE)

3 — *Le Lever.*

— *La Toilette.*

    Deux ravissantes pièces faisant pendants, gravées par Massard et N. Ponce, 1771. (E. B. 29 et 48.)
    Superbes épreuves avant la lettre. Marges. Très rare en pareille condition.

CHOFFARD
(PIERRE-PHILIPPE)

4 — *Portrait de P.-P. Choffard.*

    Profil à gauche sur une petite médaille entourée de guirlandes de fleurs ; au-dessus, une petite cage avec un oiseau. (H. B. 23.)
    Très belle épreuve de ce petit portrait servant de cul-de-lampe *au Rossignol*, dans les contes de La Fontaine, édition des Fermiers généraux, 1762. A toutes marges non ébarbées. Très rare en aussi bel état de conservation.

COTES
(D'après)

5 — *Bridgey (Lady).*

    Par E. Judkins, in-fol., à la manière noire. *R. Soyer excudit.*
Très belle épreuve. Petites marges.

N° 7. — L.-P. DEBUCOURT.   N° 8. — L.-P. DEBUCOURT.

DEBUCOURT
(LOUIS-PHILIBERT)

6 — *Promenade de la Galerie du Palais-Royal* (M. Fenaille, 11).

Superbe épreuve du deuxième état, avant les numéros inscrits au-dessus des boutiques.
Elle est sans marges.
Cadre ancien en bois sculpté et doré, du temps de Louis XVI.

DEBUCOURT
(LOUIS-PHILIBERT)

7 — *Le Menuet de la Mariée* (8).

Splendide épreuve imprimée en couleurs, avant toutes lettres, seulement le nom de : *Peint et gravé par P. L. De Bucourt, peintre du Roi, 1786*, tracé à la pointe en caractères excessivement fins. Elle a une très grande marge et est en parfait état de conservation, de toute rareté en pareille condition.
(L'épreuve a été doublée d'un papier léger pour consolider les marges).

DEBUCOURT
(LOUIS-PHILIBERT)

8 — *La Noce au Château* (21).

Magnifique épreuve imprimée en couleurs, avant toutes lettres. Elle est de la plus grande fraîcheur et avec de très grandes marges. De toute rareté en pareille condition.
(Elle a été pliée au milieu et la marge du bas a été consolidée au coup de planche).

DEBUCOURT
(LOUIS-PHILIBERT)

9 — *Heur et Malheur ou la Cruche cassée* (12).

Superbe épreuve imprimée en couleurs, avant toutes lettres, seulement le nom de : *P. L. De Bucourt, 1787*, tracé à la pointe. Elle a une très grande marge et est en parfaite condition. Excessivement rare.

DEBUCOURT
(LOUIS-PHILIBERT)

10 — *L'Escalade, ou les Adieux au matin* (13).

Magnifique épreuve imprimée en couleurs, de la plus grande fraîcheur, avant toutes lettres, seulement le nom de : *Peint et gravé par P. L. De Bucourt, peintre du Roy*, tracé à la pointe. Elle a une très grande marge et est en parfaite condition. De la plus grande rareté, sinon unique de cette qualité.

DEBUCOURT
(LOUIS-PHILIBERT)

11 — *La Promenade publique, 1792* (33).

Magnifique épreuve imprimée en couleurs, du deuxième état, avant la lettre, et avec la signature en bas, à gauche : *Dessiné et gravé par Debucourt, peintre et graveur*.

Elle a de belles marges et est en parfait état de conservation. Très rare de cette qualité.

Cadre ancien en bois sculpté et doré, de l'époque Louis XVI.

DEBUCOURT
(LOUIS-PHILIBERT)

12 — *Frascati* (196).

    Superbe épreuve avant toutes lettres, imprimée en couleurs, d'une tonalité très fine et d'une grande netteté.
    Elle a de grandes marges. Excessivement rare de cette qualité.

EARLOM
(RICHARD)

13 — *A Fruit piece.*

— *A Flower piece.*

    Deux pièces faisant pendants, gravées à la manière noire, d'après Van Huysum.
    Superbes épreuves avant toutes lettres, seulement les armoiries et les noms d'artistes tracés à la pointe. Très grandes marges. De toute rareté, en aussi bel état de conservation.

ÉCOLE ANGLAISE
(xviiie siècle)

14 — *Portrait d'une Jeune Femme avec sa Petite Fille.*

    Debout, en longue robe blanche, de trois quarts vers la gauche, le visage presque de face; sa petite fille, jambes nues, assise sur le socle d'un vase en pierre, appuie sa tête contre la sienne et entoure son cou de ses deux bras. A droite, balustrade, fond de parc.
    Estampe in-folio en hauteur, gravée en manière noire.
    Très belle épreuve, rehaussée en couleurs, remargée.
    Cadre ancien Louis XVI, en bois sculpté et doré.

ESTAMPES JAPONAISES ET INDOUES

15 à 17 — Sous ce numéro, il sera vendu par lots. Seize Estampes : Sujets à personnages, par Outomaro et autres.

    Épreuves coloriées et rehaussées d'or.

FICQUET
(ÉTIENNE)

18 — *Corneille (Pierre).*

    D'après Ch. Le Brun, in-8º (Faucheux, 34).
    Très belle épreuve avant les noms des artistes. Marges. Rare.

FICQUET
(ÉTIENNE)

19 — *Fénelon (De La Mothe).*

    D'après Vivien, in-8º (58).
    Très belle épreuve avant les noms des artistes. Marges. Rare.

FORTY
(JEAN-FRANÇOIS)

20 — *Pendule ornée de deux amours tenant des lévriers en laisse et surmontée d'un buste de Diane.*

— *Deux flambeaux de style Louis XVI.*

    Trois pièces avant la lettre gravées par Colinet et Foin, dans le même cadre.
    Très belles épreuves avant la lettre. Grandes marges.

FRAGONARD
(D'après HONORÉ)

21 — *Le Temps orageux.*

    Par J. Mathieu, in-fol.
    Très belle épreuve avec le titre en lettres grises. Grandes marges.

GILBERT
(D'après J.-F.)

22 — *This plate representing : Priam winning the gold **Cup** in 1831, on goodwood race course.*

    In-fol., par J. Clark.
    Très belle épreuve en couleurs. Grandes marges.

HOPPNER
(D'après JOHN)

23 — *Frederique-Charlotte, Ulrique de Prusse, Dutchess of York.*

    Grande pièce in-fol., gravée à la manière noire, par W. Dickinson, en 1795.
    En pied, se promenant dans un parc, suivie de trois jeunes femmes; à ses pieds un chien blanc.
    Très belle épreuve rehaussée, avec petite marge sur trois côtés.
    Cadre ancien Louis XVI en bois sculpté et doré.

ISABEY
(D'après JEAN-BAPTISTE)

24 — *Dugazon (Madame), actrice.*

    Ovale, in-8º, par Monsaldy.
    Très belle épreuve imprimée en couleurs. Grandes marges, avec le cachet.

ISABEY
(D'après JEAN-BAPTISTE)

25 — *Dugazon (Madame), actrice.*

>Ovale in-8°, par Monsaldy.
>Très belle épreuve imprimée en bistre. Grandes marges, avec le cachet.

ISABEY
(D'après JEAN-BAPTISTE)

26 — *Dugazon (Madame), actrice.*

>Ovale in-8°, par Monsaldy.
>Très belle épreuve imprimée en couleurs, rognée à l'ovale.

ISABEY
(D'après JEAN-BAPTISTE)

27 — *Hortense (la Reine), gouvernante des Pays-Bas.*

>Par Monsaldy, in-8°.
>Superbe épreuve avant toutes lettres, imprimée en couleurs. En feuille non ébarbée.
>Très rare en pareille condition.

JACKSON
(D'après)

28 — *Ellis (Lady Georgina Agar),* connue sous le nom de *la Dame au chapeau de velours.*

>A la manière noire, par S.-W. Reynolds.
>Superbe épreuve avant toutes lettres. Grandes marges.

N° 12. — L.-P. DEBUCOURT.

THE PROMENADE AT CARLISLE HOUSE.

N° 55. — J.-R. SMITH.

JANINET

(FRANÇOIS)

29 — *Mademoiselle Du T*** (Duthé), 1779.*

Représentée de face, assise devant sa table de toilette ; elle tient des roses de la main droite, une lettre de la main gauche ; son miroir la reflète de profil. Grand in-4° ovale.

Superbe épreuve sans marges, très rare.

JANINET

(FRANÇOIS)

30 — *Saint-Huberti (Madame), de l'Académie Royale de Musique.*

D'après Le Moine. Profil in-8° ovale, dans un encadrement carré.

Très belle et très rare épreuve avant toutes lettres, imprimée en couleurs. Grandes marges.

JANINET

(FRANÇOIS)

31 — *L'Amour.*

 — *La Folie.*

Deux charmantes pièces ovales faisant pendants, d'après H. Fragonard.

Superbes épreuves imprimées en couleurs, d'une parfaite égalité de tirage. Marges de un centimètre autour de l'ovale.

LAVREINCE
(D'après NICOLAS)

32 — *L'Assemblée au concert.*

— *L'Assemblée au salon.*

    Deux pièces faisant pendants très intéressantes par les costumes et l'ameublement, gravées par Dequevauviller, 1783 (E. B. 5 et 6).
    Superbes épreuves avant la dédicace. Grandes marges. Très rare en pareil état de conservation.
    Cadres ajourés en bois sculpté et doré, de style Louis XVI.

LAVREINCE
(D'après NICOLAS)

33 — *L'Aveu difficile.*

    Par Janinet (E. B. 8).
    Splendide épreuve du premier état, imprimée en couleurs, avant toutes lettres. La robe de la jeune femme debout et tenant une rose est bleue. Elle est de la plus grande fraîcheur et a de grandes marges. Excessivement rare en aussi bel état de conservation.

LAVREINCE
(D'après NICOLAS)

34 — *La Comparaison.*

    Par Janinet (E. B. 12).
    Superbe épreuve du premier état, imprimée en couleurs, avant toutes lettres. On y remarque dans les marges des traits échappés, au filet noir, formant l'entourage. Marges. De toute rareté, en pareil état de conservation.

N° 86. — N. LAVREINCE. N° 86. — N. LAVREINCE.

LAVREINCE
(D'après NICOLAS)

35 — *Les Trois Sœurs au parc de Saint-Cloud.*

    Par J.-B. Chapuy (E. B. 11).
    Superbe épreuve imprimée en couleurs, en parfait état de conservation. Petites marges. Très rare.

LAVREINCE
(D'après NICOLAS)

36 — *Les Grâces parisiennes au bois de Vincennes.*

    Par J.-B. Chapuy (E. B. 5o).
    Superbe épreuve imprimée en couleurs, en parfait état de conservation. Petites marges. Très rare.

LAVREINCE
(D'après NICOLAS)

37 — *Ah! le joli petit chien !*

    Par Janinet (E. B. 27).
    Superbe épreuve imprimée en couleurs. Marges, avec l'adresse : *A Paris, chez Janinet, rue de l'Éperon,* etc.

LAVREINCE
(D'après NICOLAS)

38 — *Le Petit Conseil.*

    Par Janinet (E. B. 48).
    Superbe épreuve imprimée en couleurs. Marges, avec l'adresse : *A Paris, rue de l'Épron* (sic), *etc.*

LAWRENCE

(D'après Sir THOMAS)

39 — *Viscount Castlereagh son of the marquis of Londonderry.*

>Debout, à mi-jambes, de face, le bras gauche appuyé sur une table, il porte une décoration sur son habit. Fond de rideau et ciel.
>Estampe in-fol. en hauteur, gravée à la manière noire, par Ch. Turner.
>Très belle épreuve avant la lettre. Marges.
>Cadre ancien Louis XVI, en bois sculpté et doré.

LAWRENCE

(D'après Sir THOMAS)

40 — *Dame anglaise :* « *The Countess of Blessington.* »

>Grand in-4° à la manière noire, gravé par S.-W. Reynolds.
>Très belle épreuve, avec la lettre tracée et le cachet. Très grandes marges. Rare.

LAWRENCE

(D'après sir THOMAS)

41 — *Croker (Miss).*

>A la manière noire, par Samuel Cousins, in-4°.
>Très belle épreuve, avec la lettre tracée. Grandes marges.

N° 88. — N. LAVREINCE.

LES GRACES PARISIENNES AU BOIS DE VINCENNE.

LES TROIS SOEURS AU PARC DE St CLOU.

N° 87. — N. LAVREINCE.

LAWRENCE
(D'après Sir THOMAS)

42 — *Grosvenor (Elisabeth Countess).*

> A la manière noire, par Samuel Cousins, in-4°.
> Très belle épreuve. Grandes marges.

LAWRENCE
(D'après Sir THOMAS)

43 — *Thomond (Marchioness of).*

> Gravé par W. Bond, in-4°.
> Très belle épreuve. Toutes marges non ébarbées.

MOREAU LE JEUNE
(JEAN-MICHEL)

44 — *La Cathédrale d'Orléans.*

> D'après Trouard, in-8° (Mahévault, 855).
> Petite vue de la cathédrale, publiée en tête du 4ᵉ volume du Bréviaire d'Orléans.
> A gauche, une procession se dirige vers la droite. On remarque le roi au-dessus du Saint-Sacrement. Au premier plan des carrosses et la foule du peuple considérant ce spectacle religieux.
> Très belle épreuve avant la lettre du deuxième état. Seulement les noms d'artistes tracés à la pointe. Marges.

MOREAU LE JEUNE
(JEAN-MICHEL)

45 — *Place Louis XV.*

    Vue prise des Champs-Élysées, 1772, in-8° en largeur.
    Très rare épreuve à l'état d'eau-forte, avant toutes lettres. Seulement le nom de *J.-M. Moreau le Jeune in. sc. 1770*, tracé à la pointe, à gauche sous le trait carré. Marges.

NATTIER
(D'après J.-M.)

46 — *Adélaïde (Madame) de France, sous la figure de « l'Air ».*

    Par J.-P. Beauvarlet, in-fol. en larg.
    Superbe épreuve du premier état avant toutes lettres. Signée à l'encre par le graveur. Grandes marges. Très rare.

PONTIUS
(PAUL)

47 — *Rubens (Pierre-Paul), à l'âge de trente ans.*

    Petit in-fol., 1630.
    Très belle épreuve. Petites marges.

POUSSIN
(D'après GUASPRE)

48 — *Vue d'une partie du lac de Trasimène.*

    Par J. Mathieu, in-fol.
    Très belle épreuve avec le titre en lettres grises. Marges.

REGNAULT
(NICOLAS-FRANÇOIS)

49 — *Le Lever.*

    Très belle épreuve imprimée en couleurs. Marges, avec l'adresse : *A Paris, chez Delalande, rue de Montmorency*, etc.

REGNAULT
(NICOLAS-FRANÇOIS)

50 — *Le Bain.*

    D'après Baudouin (E. B. 10).
    Très belle épreuve imprimée en couleurs. Marges. Avec l'adresse : *Se vend à Paris chez Regnault*, etc.

REYNOLDS
(D'après SIR JOSHUA)

51 — *Mrs Hale, dans le personnage d'Euphrosyne de l'*Allegro.

    Gravée par James Watson.
    Très belle épreuve en manière noire, rehaussée. Petites marges.
    Cadre ancien Louis XVI, en bois sculpté et doré.

SAINT-AUBIN
(D'après AUGUSTIN DE)

52 — *Tableau des Portraits à la mode.*

— *La Promenade des Remparts de Paris.*

Deux jolies pièces intéressantes pour les costumes, faisant pendants, gravées par P. F. Courtois (E. B. 378 et 382).
Très belles épreuves. Marges.
Cadres avec frontons rubans, de style Louis XVI.

SAINT-AUBIN
(D'après AUGUSTIN DE)

53 — *Le Bal paré.*

— *Le Concert.*

Deux pièces fort intéressantes pour la décoration et les costumes, faisant pendants, gravées par J. A. Duclos (E. B. 402 et 403).
Superbes épreuves avant l'adresse de Chéreau. Elles ont de grandes marges.
La pièce du Concert est avant les mots : *Graveur du Roy*, à la suite du nom de Saint-Aubin.
Cadres avec frontons ruban, de style Louis XVI.
Très rares dans cet état et en aussi belle condition.

SMITH
(JOHN-RAPHAEL)

54 — *Cumberland (Miss).*

D'après G. Romney, 1779, petit in-folio à la manière noire.
Superbe épreuve avec les noms tracés à la pointe, et l'adresse complétée de l'écriture de l'artiste : *J. R. Smith, n° 10, Batemans Buildings Soho Square.* Très grandes marges. De toute rareté en aussi bel état de conservation.

Nº 54. - J.-R. SMITH.

SMITH

(JOHN-RAPHAEL)

55 — *The Promenade at Carlisle House, 1781.*

>Superbe épreuve, d'une tonalité très douce et d'une parfaite égalité de tirage. Grandes marges.
>Les jeunes élégantes que l'on remarque dans cette charmante composition sont les portraits de Lucy Hasweld, Miss Moss, Henrietta Montagu, Charlotte Sommerville, Maria Townley, Maria Weddow, etc.

TAUNAY

(D'après NICOLAS-ANTOINE)

56 — *Foire de Village.*

— *Noce de Village.*

— *La Rixe.*

— *Le Tambourin.*

>Suite de quatre pièces faisant pendants, gravées par Descourtis.
>Magnifiques épreuves imprimées en couleurs, avant les armes et avant de nombreuses retouches faites depuis aux planches. Grandes marges. De la plus grande rareté.
>(L'épreuve du « Tambourin » est un peu plus courte.)

WOOLLETT

(WILLIAM)

57 — *Paysages.*

>D'après G. Smith et Chichester.
>Deux pièces in-folio en larg., faisant pendants.
>Très belles épreuves. Marges.

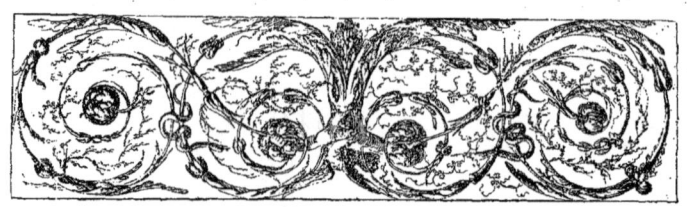

DESSINS ET AQUARELLES

COCHIN LE FILS
(CHARLES-NICOLAS)

58 — *Composition allégorique.*

Dans un paysage, un faune drapé et costumé en Folie conduit un groupe d'enfants à moitié nus, figurant chacun, par un attribut ou un fragment de costumes, une personnalité différente de la Société du xviiie siècle. On y distingue le Roi, le Régent et des femmes célèbres de cette époque.

Important et charmant dessin à la sanguine, gravé en réduction par Choffard, pour illustrer les *Œuvres badines et morales de Cazotte*.

Signé et daté en bas, à gauche : *C. N. Cochin, 1761.*

Haut., 26 cent.; larg., 17 cent.

COCHIN LE FILS
(CHARLES-NICOLAS)

59 — *La Même composition.*

Même sujet que le précédent, mais ici les enfants sont moins nombreux, mais plus grands, le groupe se détache sur un fond de draperie suspendue entre deux arbres, dont on aperçoit les hautes branches.

Très joli dessin à la sanguine gravé par Prévost, pour le même ouvrage que le précédent.

Haut., 26 cent.; larg., 17 cent.

N° 61. - J.-B. HUET. N° 60. - J.-B. HUET.

HUET
(JEAN-BAPTISTE)

60 — *L'Amour couronné.*

    Très fine aquarelle de forme ovale, signée : *J.-B. Huet, 1785.*
    Monture ancienne.
    La gravure par Chaponnier, imprimée en couleurs, est au verso du cadre.

              (*Vente Bérend, 1889.*)

Haut., 22 cent. 1/2; larg., 18 cent.

HUET
(JEAN-BAPTISTE)

61 — *Les Grâces essayant les flèches de l'Amour.*

    Pendant du précédent.
    Très fine aquarelle de forme ovale.
    Signée : *J.-B. Huet, 1785.*
    Monture ancienne.
    La gravure par Chaponnier, imprimée en couleurs, est au verso du cadre.

              (*Vente Bérend, 1889.*)

Haut., 22 cent. 1/2; larg., 18 cent.

HUET
(JEAN-BAPTISTE)

62 — *Le Petit Fermier.*

    Très belle aquarelle.
    Signée : *J.-B. Huet, 1787.*
    Cadre ancien en bois sculpté et doré, du temps de Louis XVI.
    La gravure, par Bonnet, imprimée en couleurs, est au verso du cadre.

              (*Vente Bérend, 1889.*)

Haut., 12 cent. 1/2; larg., 17 cent.

HUET

(JEAN-BAPTISTE)

63 — *La Petite Fermière.*

> Pendant du précédent.
> Très belle aquarelle.
> Signée : *J.-B. Huet, 1787.*
> Cadre ancien en bois sculpté et doré, du temps de Louis XVI.
> La gravure, par Bonnet, imprimée en couleurs, est au verso du cadre.
>
> (*Vente Bérend, 1889.*)
>
> Haut., 12 cent. 1/2; larg., 17 cent.

ROBERT

(HUBERT)

64 — « *Tant va la cruche à l'eau qu'à la fin elle s'emplit.* »

> Robuste et joyeux, un Terme distille naturellement l'eau qui alimente une grande vasque. Deux femmes admirent sa belle prestance; une autre lave, un chien couché regarde. Mais le personnage le plus intéressant est une jeune personne qui, malgré sa taille alourdie, offre courageusement une vaste amphore aux libéralités aquatiques de la statue jouissante.
> Le titre ci-dessus est inscrit sur une grosse pierre.
> Très spirituelle composition à l'aquarelle.
> Signée : *Hubert Robert, 1794.*
> Cadre en bois sculpté et doré, de style Louis XVI.
>
> Haut., 17 cent.; larg., 24 cent 1/2.

ROBERT
(HUBERT)

65 — « *Tant va la cruche à l'eau qu'à la fin elle se brise.* »

Non loin d'un temple grec, un jeune peintre dessinait du bon côté la statue de Vénus Callipyge. Survient une jeune fille pour puiser de l'eau à la fontaine coulant du socle de marbre. Distraite par la vue du jeune artiste, en s'en allant, elle se retourne, tombe et son vase est brisé. Sa chute révèle des beautés rivales de celles de la déesse, et les yeux du peintre abandonnent son modèle pour n'admirer que les détails de la simple mortelle.

Le titre ci-dessus constitue l'inscription d'une stèle antique.

Charmante aquarelle signée sur le fronton du temple : *H. Robert delineavit. Anno 1794.*

Cadre en bois sculpté et doré, de style Louis XVI.

Haut., 17 cent.; larg., 24 cent. 1/2.

SMITH
(D'après JOHN-RAPHAEL)

66 — *Le Moraliste.*

Assis dans la campagne, le philosophe (Jean-Jacques Rousseau?) tient une rose et la montre du doigt.

Aquarelle.

Haut., 20 cent.; larg., 15 cent.

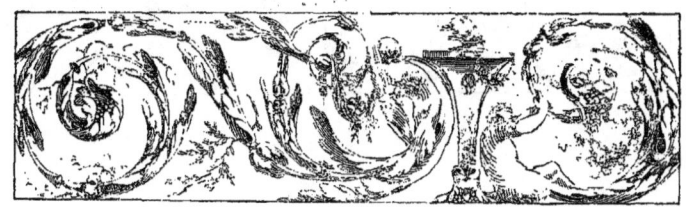

TABLEAUX

ÉCOLE FRANÇAISE
(xviiie siècle)

67 — *L'Astronomie.*

Dans un paysage, trois amours groupés autour d'une sphère et tenant à la main des attributs des Arts et des Sciences.
Dessus de porte.

Haut., 66 cent.; larg., 1 m. 10 cent.

ÉCOLE FRANÇAISE
(xviiie siècle)

68 — *Le Printemps.*

— *L'Eté.*

Deux compositions à figures allégoriques, pour dessus de porte.

Toiles. Haut., 50 cent.; larg., 1 m. 30 cent.

LERICHE

69 — *Un Amour et un Enfant bacchant soutenant un vase en porcelaine bleue monté en bronze et garni de fleurs.*

Monté en bronze et garni de fleurs.
Dessus de porte.

Toile. Haut., 73 cent.; larg., 94 cent.

CADRES ANCIENS

70 — CADRE en bois sculpté et doré, de l'époque Louis XIII. Profil orné de moulures à ruban et feuillage.

Ouverture. Haut., 37 cent. 1/2; larg , 27 cent. 1/2.

71 — PETIT CADRE ovale en bois sculpté et doré, de l'époque Louis XIV, orné de moulures à motifs de feuilles d'eau et de petits culots, avec large bordure composée de coquilles, roses et branches de feuillages disposés régulièrement.

Ouverture. Haut., 12 cent. ; larg., 9 cent.

72 — CADRE en bois sculpté et doré, de l'époque Régence, avec larges coins ornés de motifs rocailles; moulures ornées.

Ouverture. Haut., 48 cent.; larg., 40 cent.

73 — DEUX CADRES en bois sculpté et doré, à côtés contournés, avec coins ornés de coquilles et feuillages; moulures à feuilles d'eau et ornements au milieu.

Ouverture. Haut., 34 cent. 1/2; larg., 24 cent.

74 — CADRE en bois sculpté et doré, du temps de Louis XVI. Il se compose d'un corps de moulure décoré de feuilles d'eau, rais de cœur et perles, avec petit ruban à la partie externe. Il est couronné d'un riche fronton comprenant les attributs de l'Amour retenus par un nœud de rubans d'où s'échappent des guirlandes de fleurs, fruits, feuilles et coquilles qui retombent en chute de chaque côté.

Ouverture. Haut., 72 cent. 1/2; larg., 54 cent. 1/2.

75 — Deux cadres en bois sculpté et doré, du temps de Louis XVI, à moulures ornées de rais de cœur et d'un tore de laurier, fronton en ors de couleurs, composé d'une couronne et rinceaux de roses et feuillages, liés par un nœud de rubans.

Ouverture. Haut., 52 cent.; larg., 40 cent.

76 — Deux cadres en bois sculpté et doré, du temps de Louis XVI, de forme rectangulaire et vue ovale. Moulure ornée de feuilles d'eau et rubans; ils sont couronnés d'un riche fronton à guirlandes et chute de laurier réunis par un nœud de ruban à la partie supérieure.

Ouverture de l'ovale. Haut., 30 cent.; larg., 25 cent.

77 — Cadre en bois sculpté et doré du temps de Louis XVI. Moulures ornées de feuillage et pirouettes. Décoré d'un fronton composé d'un cartouche mouvementé avec guirlande de laurier retombant en chute de chaque côté.

Ouverture. Haut., 28 cent. 1/2; larg., 25 cent.

78 — Deux cadres en bois sculpté et doré, du temps de Louis XVI. Moulures ornées de feuilles d'acanthe ajourées et tore de feuillage de chêne.

Ouverture. Haut., 29 cent.; larg., 23 cent. 1/2.

79 — Cadre en bois sculpté et doré, du temps de Louis XVI. Profil orné de feuilles d'eau et perles. Fronton, guirlande et chute de fleurs et feuilles.

Ouverture. Haut., 35 cent.; larg., 41 cent.

80 — Cadre en bois sculpté et doré, du temps de Louis XVI. Profil à perles et frises ornées d'appliques de feuillage et fleurs, reliés par des nœuds de rubans.

Ouverture. Haut., 53 cent.; larg., 41 cent.

ANCIENNES PORCELAINES DU JAPON

POTERIES DE SATZUMA

81 — Deux chiens couchés en grès émaillé, à patine bronze. Socles en bois noir.

Hauteur totale, 13 cent.

82 — Aiguière couverte de forme lobée, décorée en bleu, rouge et or, de bouquets de fleurs et trois bandes horizontales, à rinceaux. Monture ancienne à coquille en bronze doré.

Haut., 23 cent.

83 — Deux compotiers à marli festonné, décorés en couleur; fleurs et animaux dans un médaillon réservé sur fond bleu.

Diam., 19 cent.

84 — Grand plat, décoré en bleu, rouge et or. Il offre, sur fond chargé de fleurs et rinceaux, trois médaillons variés de forme avec paysages et arbustes.

Diam., 55 cent.

85 — Grand plat, décoré en bleu, rouge et or. Au centre, dans un médaillon en forme d'écran, deux autruches; bordure à rinceaux de feuillages, chrysanthèmes et marguerites.

Diam., 55 cent.

86 — Grand plat creux, décoré en bleu, rouge, or et émaux de couleur. Au centre, branches de chrysanthèmes et marguerites; petite bordure à rinceaux de feuillages et fleurettes; large marli avec rochers et branches fleuries.

Diam., 53 cent. 1/2.

87 — Grand plat, décoré en bleu, rouge et or. Au centre, deux personnages richement vêtus près d'une pagode. Large marli à fond bleu, chargé de rinceaux en dorure et quatre réserves; arbustes et roseaux.

Diam., 54 cent.

88 — Grand plat décoré en bleu, rouge et or. Au centre, paysage maritime avec pagode, navires et personnages ; marli figurant des villes animées, des rochers et des paysages.

Diam., 55 cent.

89 — Grand plat décoré en bleu, rouge et or. Au centre, poissons sur les flots de la mer; au marli, six compartiments avec arbustes fleuris, volatiles, etc.

Diam., 54 cent. 1/2.

90 — Grand plat, semblable au précédent.

Diam., 54 cent. 1/2.

91 — Paire de bouteilles décorées par bandes de petits rinceaux et de branchages fleuris, avec fruits et oiseaux.

Haut., 22 cent.

92 — Paire de bouteilles à huit pans et double renflement, décorées en émaux de couleur dans le goût chinois : carrelages, médaillons, arbustes, fleurs, oiseaux, etc.

Haut., 30 cent.

93 — Paire de pots cylindriques couverts, à deux anses, décorés en bleu, rouge et or : rochers, arbustes fleuris et bandes horizontales, avec marguerites réservées. Sur les couvercles : écureuil grignotant des raisins.

Haut., 23 cent.

94 — Paire de pots cylindriques couverts, à deux anses, décorés en bleu, rouge et or de feuillages, et fleurs en relief. Monture en bronze moulure et gravé.

Haut., 19 cent.

95 — Potiche décorée en couleur d'animaux chimériques, fleurs, etc , etc.
Haut., 38 cent.

96 — Paire de grosses potiches couvertes, à huit pans, décorées en bleu, rouge et or : feuillages, chrysanthèmes et oiseaux sur la panse, lambrequin à l'épaulement, carrelages au col. Les couvercles sont surmontés d'une chimère sur un rocher.
Haut., 90 cent.

97 — Statuette de femme étendue dormant, décorée en couleur. Socle en bois.
Long., 38 cent.

98 — Chien assis, décoré en couleur.
Haut., 41 cent.

99 — Chat assis, une patte levée, décoré en couleur.
Haut., 25 cent.

100 — Gobelet légèrement évasé, poterie de Satzuma, finement décorée en couleur de fleurs ; bordure à rinceaux sur fond rouge.
Haut., 10 cent.

101 — Petit pot couvert à trois pieds, poterie de Satzuma, finement décorée en couleur de fleurs, avec cordelettes en relief.
Haut., 9 cent.

102 — Paire de petits vases, poterie de Satzuma, décorée par bandes verticales de carrelages et grecques.
Haut., 13 cent.

103 — Vase brûle-parfum à trois pieds, poterie de Satzuma, décorée en émaux de couleur : dragons dans des médaillons et lambrequin. Couvercle ajouré en argent.
Haut., 16 cent.

104 — Paire de vases, forme balustre à deux anses, poterie de Satzuma, décorée en émaux de couleur et dorure: médaillons à personnages et lambrequins à quadrillés.
Haut., 32 cent.

ANCIENNES PORCELAINES DE CHINE
DE LA COMPAGNIE DES INDES

105 — Deux assiettes décorées en couleur et dorure. Au centre, blason à deux écussons, chute à carrelage et petites réserves ; marli orné de paysages, animaux et attributs.

Diam., 22 cent.

106 — Deux assiettes décorées en couleur et dorure. Au centre, blason avec écureuil, timbré d'une couronne ; chute à carrelage et quatres réserves avec fleurettes ; marli orné de petites pagodes, de branches fleuries et d'une armoirie.

Diam., 23 cent.

107 — Deux assiettes décorées en couleur et dorure. Au centre, large blason ; à la chute, petite bordure à entrelacs ; au marli, branches fleuries.

Diam., 23 cent.

108 — Plateau ovale à bord festonné, décoré en couleur et dorure, de rochers, branches fleuries et oiseaux, avec bordure à lambrequin.

Long., 28 cent.; larg., 21 cent.

109 — Sucrier couvert et son présentoir de forme ovale, décoré en couleur de paysages animés de figures ; bouton ajouré surmontant le couvercle.

Haut., 13 cent.; long. du plateau, 19 cent.

110 — Deux corbeilles ovales à deux anses et bord ajouré, décorées en émaux de couleur ; au fond, paysages avec rochers, pivoines et chrysanthèmes. Bordures internes et externes à carrelages et réserves à fleurs.

Long., 39 cent.; larg,. 27 cent. 1/2.

111 — Lanterne de forme carrée, décorée d'un médaillon et d'écoinçons à fleurs sur fond carrelé.

Haut., 21 cent.

ANCIENNES PORCELAINES DE CHINE

DÉCORÉES EN BLEU SUR BLANC

CÉLADONS BLEU TURQUOISE

112 — HUIT ASSIETTES ; au centre, pagode et personnages, à la chute, attributs divers ; bordure à motif régulier. *Kang-hi.*

113 — HUIT ASSIETTES, au centre, vases et ustensiles divers ; marli à lambrequin avec médaillons et fleurs réservés en blanc sur fond bleu. *Kang-hi.*

114 — DOUZE ASSIETTES PLATES ; au centre, volatiles et branches fleuries ; au marli, ornement régulier réservé en blanc sur fond bleu. *Kang-hi.*

115 — DIX ASSIETTES ; au centre, parterre avec fleurs ; au marli, lambrequin à ornements réservés en blanc sur fond bleu. *Kang-hi.*

116 — HUIT ASSIETTES CREUSES à bord lobé ; au centre, plantes aquatiques et volatiles ; au marli, fleurettes dans chaque lobe. *Kang-hi.*

117 — DOUZE ASSIETTES ; au centre, rosace avec fleurettes ; encadrement de bordures à compartiments. *Kang-hi.*

118 — DIX-HUIT ASSIETTES ; au centre, rochers, arbustes et vases fleuris ; à la chute, bordure à quadrillé avec quatre réserves à fleurettes ; marli à lambrequin et motifs d'ornement réservés en blanc sur fond bleu. *Kang-hi.*

119 — VINGT-DEUX ASSIETTES ; au centre, paysage avec pagode ; au marli, lambrequin et fleurettes. *Kang-hi.*

120 — Vingt-trois assiettes; au centre, pagode avec personnages et vases de fleurs; au marli, quadrillé et quatre médaillons réservés à fleurettes. *Kang-hi.*

121 — Trente assiettes; au centre, vases fleuris, animaux et ustensiles divers; à la chute, quadrillé et quatre médaillons à fleurs; au marli, lambrequin à ornementation réservée en blanc sur fond bleu. *Kang-hi.*

122 — Plat; au centre, paysage avec vase fleuri et bordure à fond bleu; marli à lambrequin. *Kang-hi.*

Diam., 29 cent.

123 — Plat; au centre, paysage avec portique en berceau et douze petits médaillons réservés chargés de fleurs, fruits et insectes.

Diam., 26 cent.

124 — Deux compotiers; décor analogue.

Diam., 20 cent.

125 — Plat creux; rinceaux et fleurs. *Kang-hi.* (Marque dynastique.)

Diam., 38 cent.

126 — Plat creux semblable au précédent.

Diam., 38 cent.

127 — Soupière ronde couverte; sur la panse, fleurs et lambrequin.

Diam., 22 cent.

128 — Pot cylindrique couvert; caillouté et dents en bleu avec réserves de feuillages. *Kang-hi.*

Haut., 19 cent.

231

227

231

133

230

134

Imp. Fortier & Marotte. Paris

129 — Paire de buires à anse et bec; sur la panse à fond caillouté, médaillons avec rinceaux réservés en blanc sur fond bleu; bordure à feuilles de palmier. *Kang-hi.*

Haut., 17 cent.

130 — Paire de cornets à renflement médian; masques de dragon sur fond quadrillé et lambrequins à feuilles de palmier. *Kang-hi.*

Haut., 24 cent. 1/2.

131 — Paire de vases de forme ovoïde à col et base rétrécis; animaux dans des payages et fleurs dans des médaillons. *Kang-hi.*

Haut., 24 cent.

132 — Paire de vases-cornets, à renflement médian; décor à quatre rangées de compartiments avec paysages ou bouquets de fleurs. *Kang-hi.* (Marque symbolique.)

Haut., 34 cent.

133 — Vase-cornet; médaillons avec personnages marchant dans des paysages, en réserve sur fond carrelé. *Kang-hi.* Socle en bois de fer.

Haut., 44 cent.

134 — Vase-cornet, décor à branches de fleurs de pêcher, réservées en blanc sur fond bleu caillouté. *Kang-hi.* Socle en bois de fer.

Haut., 46 cent.

135 — Garniture de trois pièces comprenant : *Deux potiches couvertes et un cornet;* sur la panse, rinceaux à feuillages, fleurs et oiseaux; à la base et au col, lambrequin et bordure à ornements réservés en blanc sur fond bleu. *Kang-hi.* (Marque symbolique.)

Haut., 22 cent.

136 — Paire de grandes bouteilles à long col. Sur la panse, large rinceau de feuillages et de fleurs ; à l'épaulement, plusieurs bordures ; au col, lambrequin à fleurs réservé en blanc sur fond bleu. *Kang-hi*. (Marque symbolique.)

Haut., 42 cent.

N° 137

137 — Grande statuette de Chinois debout, vêtu d'un riche costume.

Haut., 37 cent.

138 — Statuette analogue à la précédente.

Haut, 38 cent.

139 — Autre statuette analogue aux deux précédentes.

Haut., 38 cent.

140 — Buire couverte à anse et bec. Sur la panse et le couvercle à fond *bleu fouetté*, deux réserves blanches chargées de vase ou ustensiles divers en bleu. *Kang-hi*.

Haut., 21 cent.

141 — Coupe évasée fond *bleu fouetté* uni, décorée en dorure : *Kang-hi*. Monture en bronze doré de *Barbedienne*.

Hauteur totale, 15 cent. 1/2.
Diam., 21 cent.

142 — Paire de vases-rouleaux à fond *bleu fouetté* uni, décorés en dorure de paysages, rochers, arbustes, oiseaux et insectes. *Kang-hi*.

Haut., 45 cent.

143 — Petite bouteille, forme gourde, en céladon bleu turquoise. *Kang-hi*.

Haut, 11 cent.

144 — Paire de petits pitongs ajourés, figurant des bambous céladon bleu turquoise. *Kang-hi*..

Haut., 10 cent.

145 — Vase, forme balustre, à col évasé; céladon bleu turquoise, truité sous couverte. *Kang-hi*. Socle en bois de fer.

Haut., 28 cent.

146 — Paire de petites coupes libatoires ; céladon bleu turquoise. *Kang-hi*.

Haut., 5 cent.

147 — Paire de petits vases, de forme ovoïde, en céladon bleu turquoise, à craquelure truitée sous couverte. *Kang-hi*. Monture formée d'un couvercle et d'une base à godrons et rinceaux, en bronze ciselé et doré.

Haut., 19 cent. 1/2.

ANCIENNES PORCELAINES DE CHINE

DÉCORÉES EN COULEUR

BISCUITS ÉMAILLÉS, CÉLADONS, ETC.

148 — Assiette décorée, sur fond vermiculé à fleurs et réserves d'ustensiles, d'un sujet familial à personnages. *Kien-lung.*

Diam., 23 cent.

149 — Assiette décorée au centre, d'un chien dans un paysage; au marli, d'un lambrequin à grecque, fleurs, quadrillés, etc. *Kien-lung.*

Diam., 23 cent.

150 — Assiette décorée au centre d'un sujet familial, au marli, de quatre branches fleuries. *Kien-lung.*

Diam., 22 cent.

151 — Deux assiettes décorées au centre d'ustensiles divers; à la chute et au marli, d'un lambrequin à quadrillé bleu et rose avec fleurs. *Kien-lung.*

Diam., 22 cent. 1/2.

152 — Deux assiettes décorées au centre, de rochers, fleurs et volatiles; au marli, d'une petite bordure à quadrillé et feuillage en léger relief. *Kien-lung.*

Diam., 22 cent. 1/2.

153 — Assiette décorée au centre de deux coqs, au milieu de fleurs; au marli, carrelages et trois réserves à branches fleuries. *Kien-lung.*

Diam., 22 cent.

154 — Assiette décorée au centre, dans un médaillon, d'une Chinoise assise auprès d'un meuble, avec encadrement à rinceaux réservé sur fond quadrillé; marli à fond brun et huit réserves, dont quatre à fond rouge et quatre en blanc chargées de fleurs. *Kien-lung.*

Diam., 23 cent.

155 — Assiette décorée au centre d'une composition à quatre figures : *La Pêche à la ligne;* à la chute, bordure carrelée à fond jaune; marli fond rose et quatre réserves à branches fleuries. *Kien-lung.*

Diam., 23 cent.

156 — Assiette semblable à la précédente. *Kien-lung.*

Diam., 23 cent.

157 — Assiette décorée au centre de deux personnages dans un paysage; au marli, de branchages fleuris. *Yung-tchen.*

Diam., 22 cent. 1/2.

158 — Assiette semblable à la précédente. *Yung-tchen.*

Diam., 22 cent. 1/2.

159 — Quarante assiettes décorées en couleur et dorure sur fond bleu; au centre, dans une réserve carrée, paysage maritime animé de petites figures; au marli, quatre réserves chargées de fleurs. *Kang-hi.*

Diam., 22 cent.

160 — Assiette de forme octogonale décorée au centre d'un sujet familial : jeune femme et deux enfants auprès d'une table; marli à fond *rouge d'or* et huit médaillons en réserves chargés de fleurs. *Kien-lung.*

Diam., 20 cent.

161 — Assiette semblable à la précédente. *Kien-lung.*

Diam., 20 cent.

162 — Assiette creuse en *porcelaine mince* à revers *rouge d'or*, décorée au centre sur fond imbriqué d'un médaillon avec sujet familial : jeune femme et trois enfants dans un intérieur; à la chute, étroite bordure jaune avec rinceaux; marli rose à carrelages, trois grandes réserves à fleurs et fruits, et trois petites avec dragons en dorure. *Kien-lung.*

Diam., 20 cent. 1/2.

163 — Présentoir offrant sur fond blanc une scène familiale à personnages et ustensiles divers. *Yung-tchen.*

Diam., 16 cent. 1/2.

164 — Présentoir semblable au précédent. *Yung-tchen.*

Diam., 16 cent. 1/2.

165 — Compotier creux octogonal décoré dans le goût coréen; au centre, deux personnages dans un paysage; bordure à fleurs et feuillage. *Kien-lung.*

Diam., 21 cent. 1/2.

166 — Compotier rond décoré au centre d'un sujet à personnages dans un intérieur; marli à carrelage sur fond vert et quatre réserves avec attributs divers. *Kang-hi.*

Diam., 20 cent. 1/2.

167 — Compotier rond, de décor analogue au précédent. *Kang-hi.*

Diam., 20 cent 1/2.

168 — Compotier à bord dentelé, décoré au centre, de coquillages dans les flots de la mer; marli à huit compartiments alternativement blanc, bleu et rouge. *Kang-hi.*

Diam., 20 cent.

169 — Compotier semblable au précédent. *Kang-hi.*

Diam., 20 cent.

170 — Compotier décoré d'un sujet à personnages avec vase de fleurs et oiseau dans un paysage. *Kang-hi.*

Diam., 20 cent. 1/2.

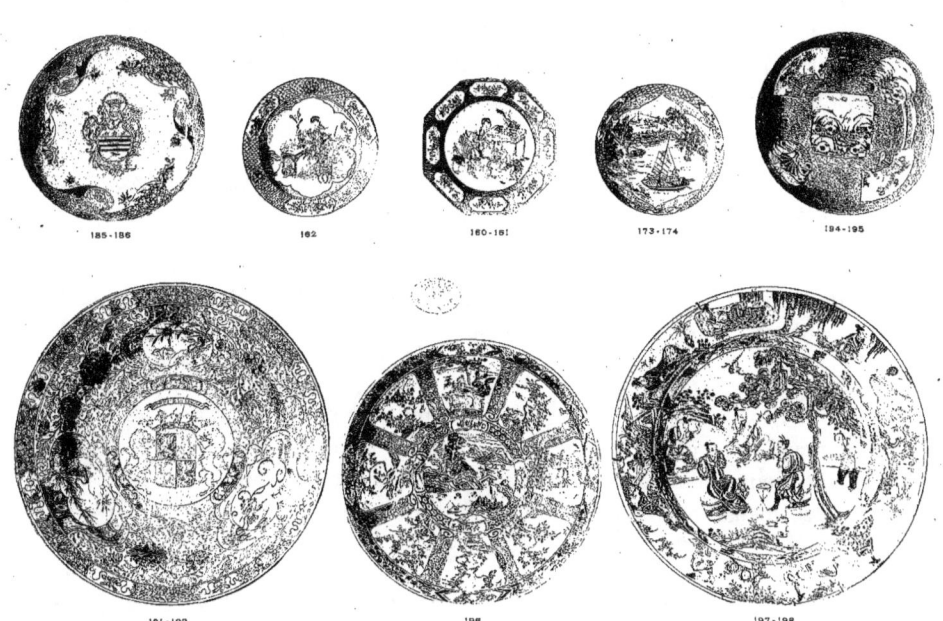

171 — COMPOTIER de décor analogue au précédent. *Kang-hi.*

Diam., 20 cent. 1/2.

172 — COMPOTIER ROND à bord lobé; au centre, médaillon avec pagode et vase fleuri; à l'entour, quatre autres, ronds, avec arbustes séparés par des motifs de vases et attributs; au marli, dans chaque lobe, une rosace. *Kang-hi.*

Diam., 24 cent.

173 — COMPOTIER ROND en *porcelaine mince*, à revers *rouge d'or;* au centre, dans un médaillon, paysage maritime avec navires et personnages; marli à carrelage et trois réserves à fleurs et fruits. *Kien-lung.*

Diam., 20 cent.

174 — COMPOTIER ROND en *porcelaine mince*, à revers *rouge d'or*, semblable au précédent. *Kien-lung.*

Diam., 20 cent.

175 — PETIT PLAT décoré au centre d'une armoirie en couleur et dorure; marli et chute en bleu.

Diam., 28 cent.

176 — DEUX PETITS PLATS RONDS décorés au centre d'un arbuste fleuri avec oiseaux et insectes; marli à fond vert piqué chargé de fleurs et quatre réserves avec poissons ou mollusques dans des médaillons. *Kang-hi.*

Diam, 24 cent.

177 — PETIT PLAT décoré au centre de fleurs et oiseaux; marli à lambrequin; carrelage et vermicule avec fleurs et rinceaux. *Kien-lung.*

Diam., 24 cent. 1/2.

178 — PETIT PLAT décoré au centre de feuille, fleurs et insecte; marli à lambrequin rose et bleu à carrelage, vermicule, fleurs et rinceaux. *Kien-lung.*

Diam, 25 cent. 1/2.

179 — Deux petits plats à bord festonné, décorés au centre d'un blason, à la chute de fleurettes et au marli d'un lambrequin à feuillage, rosaces et ornements divers. *Kien-lung.*

Diam., 25 cent.

180 — Petit plat rond; au centre, arbustes fleuris, oiseaux et fleurs, à la chute, entre deux filets, branchages ; au marli, sur fond vert piqué, des fleurs réservées en blanc et quatre médaillons à poissons et feuillages. *Kang-hi.*

Diam., 24 cent.

181 — Petit plat rond semblable au précédent. *Kang-hi.*

Diam., 24 cent.

182 — Petit plat rond ; au centre, arbustes fleuris, feuillages, fleurs de lotus et oiseaux ; bordure à carrelages à motifs réguliers. *Kang-hi.*

Diam., 25 cent.

183 — Petit plat rond-semblable au précédent. *Kang-hi.*

Diam., 25 cent.

184 — Petit plat ; au centre, cinq papillons ; au marli, sur fond vert piqué, marguerites, et dans quatre réserves des attributs divers. *Kang-hi.* Marque symbolique.

Diam., 27 cent.

185 — Plat creux décoré au centre, d'une armoirie; au marli, large lambrequin à fond rouge et lilas avec réserves en blanc et fleurettes. *Kien-lung.*

Diam., 27 cent. 1/2.

186 — Plat creux semblable au précédent. *Kien-lung.*

Diam., 27 cent. 1/2.

187 — Plat décoré au centre de deux personnages à cheval; au marli, trois branches fleuries. *Yung-tchen.*

Diam., 35 cent.

188 — Plat analogue au précédent. *Yung-tchen.*

Diam., 35 cent.

189 — Plat analogue au précédent. *Yung-tchen*.
Diam., 35 cent.

190 — Plat analogue au précédent. *Yung-tchen*.
Diam., 35 cent.

191 — Grand plat décoré au centre, d'un écusson soutenu par deux griffons ; autour, trois médaillons avec canards sur fond de branches fleuries. Bordure extérieure à fond rouge et huit réserves à attributs. *Kien-lung*.
Diam., 55 cent.

192 — Grand plat semblable au précédent. *Kien-lung*.
Diam., 55 cent.

193 — Plat rond creux à fond *bleu-fouetté*, décoré au centre d'une grande réserve à bord festonné ornée en bleu et rouge de roseaux et nénuphars sur l'eau. *Kang-hi*. Marque dynastique.
Diam., 40 cent.

194 — Plat creux à fond *bleu-fouetté*, décoré au centre d'une réserve carrée : coquillages, flots de la mer et ciel nuageux ; autour, quatre autres réserves dont deux circulaires chargées de paysages et conques marines. *Kang-hi*.
Diam., 27 cent. 1/2.

195 — Plat creux à fond *bleu-fouetté*, analogue au précédent avec quelque variante dans les détails du décor. *Kang-hi*.
Diam., 27 cent. 1/2.

196 — Grand plat décoré au centre d'un médaillon avec paysage maritime animé de pêcheurs, encadré d'une bordure à carrelage et réserves à fleurs. Autour, huit compartiments avec arbustes fleuris, oiseaux et insectes séparés par des bandes à rinceaux sur fond vert. Bordure extérieure à fleurs en couleur sur fond vert piqué et quatre réserves. *Kang-hi*.
Diam., 46 cent.

197 — GRAND PLAT décoré au centre, d'un paysage avec danseur et quatre personnages jouant d'instruments divers ; le marli est orné de huit figures d'actrices dans des attitudes diverses, au milieu de paysages avec arbustes fleuris. *Kang-hi.*

Diam., 56 cent.

198 — GRAND PLAT analogue au précédent. *Kang-hi.*

Diam., 56 cent.

199 — DIVINITÉ assise, une jambe relevée sur l'autre, en ancien grès émaillé en couleur, avec rehauts de dorure.

Haut, 29 cent.

200 — DIVINITÉ BOUDHIQUE sous les traits d'une femme accroupie, vêtue d'un riche costume et parée de bijoux, sur socle figurant une fleur de lotus. *Kien-lung.*

Haut., 31 cent.

Collection tibétaine G..., novembre 1904.)

201 — PAIRE DE CHIMÈRES émaillées en vert, bleu et violet, sur socles adhérents rectangulaires. *Kang-hi.*

Hauteur totale, 23 cent.

202 — PAIRE DE GRANDES CHIMÈRES, sur socles rectangulaires, en ancien céladon émaillé en couleur sur biscuit. Les socles, ajourés sur deux faces, sont décorés de quadrillés et de deux bordures à fond vert, *Kang-hi.*

Haut., 32 cent.

203 — STATUETTE de divinité sous les traits d'une femme debout, en porcelaine émaillée en blanc, sur socle ou base figurant des nuages, *Kang-hi.*

Haut., 55 cent.

204 — Grande chimère en ancien grès flambé aubergine. Socle en bois de fer.

Hauteur totale, 35 cent.

205 — Deux petites perruches en céladon émaillé en couleur.

Haut., 7 cent. 1/2.

206 — Tasse et sa soucoupe, à fond *rouge d'or*, décorée de médaillons réservés avec paysages et personnages. *Kien-lung.*

207 — Deux tasses et soucoupes, à décor varié en couleur et dorure : fleurs dans des médaillons sur fond carrelé. *Kien-lung.*

Haut., 6 cent.

208 — Coupe libatoire, en forme de fruit, avec anse faite d'un branchage autour duquel s'enroule un animal chimérique en biscuit émaillé en couleur. *Kien-lung.*

Haut., 30 cent.

209 — Deux sucriers couverts, de forme octogonale, décorés sur chaque face d'un bouquet de fleurs dans un médaillon, à fond émaillé vert. *Kien-lung.*

Haut., 13 cent.; diam., 11 cent.

210 — Deux petites tasses et soucoupes, en forme de fleur de lotus, ornées de petits branchages en relief, décorées au naturel. *Kien-lung.*

Haut., 6 cent. 1/2.

211 — Théière et présentoir ornés de branchages fleuris en relief, décorés en couleur. *Kien-lung.*

Haut., 13 cent.

212 — Deux sucriers couverts avec présentoir en forme de fleur de lotus avec branchages fleuris en relief, décorés en couleur sur fond rose. *Kien-lung.*

Haut., 10 cent.

213 — Cinq bols, décorés intérieurement en bleu sur blanc d'un paysage dans un médaillon encadré de fleurs, et extérieurement sur fond gravé de couleurs variées, de fleurs et médaillons réservés avec paysages ou bouquets. *Kien-lung*.

Diam., 15 cent.

214 — Petite bouteille à panse aplatie en céladon bleu turquoise, avec arbustes fleuris et petites fleurettes en couleur. *Kang-hi*.

Haut., 11 cent.

215 — Bouteille à col cylindrique en céladon rouge haricot. *Kang-hi*.

Haut., 30 cent.

216 — Vase, forme olive, en céladon rouge flambé. *Kien-lung*.

Haut., 18 cent. 1/2.

217 — Grand vase à deux anses formées de dragons, émaillé en brun.

Haut., 58 cent.

218 — Vase, forme balustre, décoré de personnages dans des attitudes variées, et d'attributs divers. *Yung-tchen*.

Haut., 40 cent.

219 — Grand vase-cornet en céladon gaufré et craquelé sous couverte. *Ming*. Socle en bois de fer.

Haut., 55 cent.

220 — Paire de potiches couvertes décorées de personnages agitant des éventails, rochers, roseaux et fleurs. *Ming*.

Haut., 38 cent.

221 — Paire de vases, décorés en couleur, sur fond vert-pomme, de rinceaux fleuris, chrysanthèmes et petits lambrequins. *Kien-lung*. Monture en bronze doré à deux anses, base et couvercle de style Louis XVI.

Haut. totale, 35 cent.

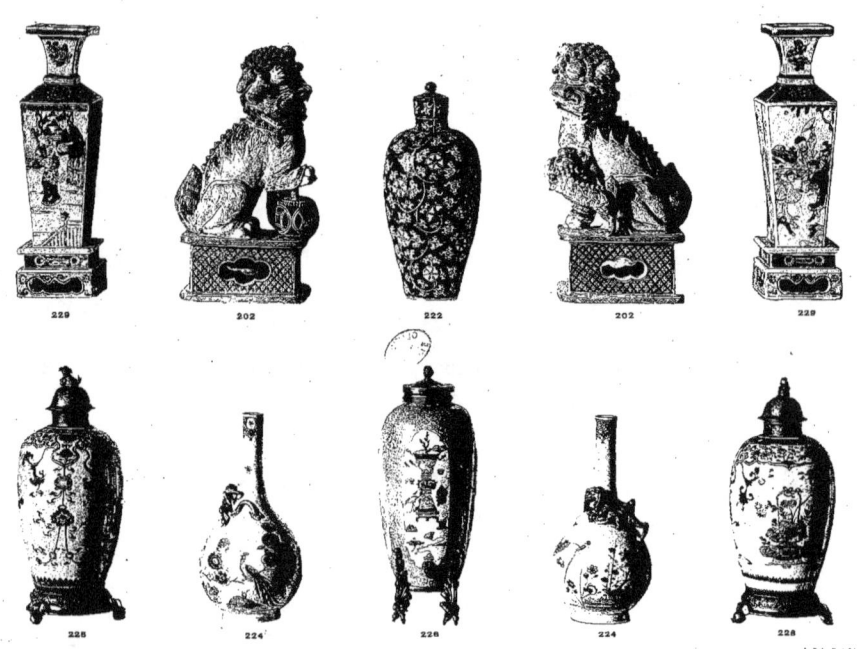

222 — Vase de forme ovoïde, avec couvercle, entièrement décoré de rinceaux de feuillages fleuris réservés en blanc sur fond rouge corail. *Kang-hi.*

Haut., 27 cent.

223 — Paire de potiches couvertes décorées sur fond blanc, d'un sujet familial à deux personnages auprès d'une table, plus loin, animaux et vase fleuri. Les couvercles avec ustensiles variés, sont surmontés d'un chien de Fô. *Yung-tchen.*

Haut., 38 cent.

224 — Paire de bouteilles décorées d'arbustes fleuris et oiseaux avec petit lambrequin au col. Sur chacune d'elles, en relief, un dragon émaillé bleu et dorure. *Kang-hi.*

Haut., 23 cent.

225 — Paire de cache-pot ou jardinières à deux anses formées d'anneaux mobiles décorés de branches fleuries, fruits et médaillons avec animaux divers. Ils sont montés en bronze ciselé et doré pour former des candélabres à trois lumières.

Haut. des cache-pot, 19 cent.

226 — Vase de forme ovoïde, à fond *bleu-fouetté*, orné sur la panse de quatre médaillons en réserve, décorés en couleur de rochers, arbustes en fleurs, vases et ustensiles divers. *Kang-hi.* Il est monté en bronze doré avec base à quatre pieds-griffes.

Haut. totale, 28 cent.

227 — Vase de forme ovoïde avec couvercle décoré sur fond *bleu-fouetté*, de quatre grandes réserves et huit petites à paysages animés, arbustes, animaux, ustensiles et fleurs en bleu, brun et vert; sur le couvercle, quatre réserves analogues. *Kang-hi.*

Haut., 50 cent.

228 — Paire de vases, de forme ovoïde, décorés dans le goût coréen. Sur la panse, corbeilles à anse chargées de fleurs; à l'épaulement, lambrequin et bordure à entrelacs de petites marguerites. *Kang-hi*. Monture ancienne, comprenant : col, couvercle et base à trois pieds formés de fruits, en argent repoussé et gravé.

Haut., 27 cent.

229 — Paire de vases carrés à col évasé, décorés sur chaque face d'un sujet familial; à l'épaulement, fleurs en petite bordure à grecque. Ils s'encastrent dans des socles mobiles avec parties ajourées, et sont décorés d'ornements divers sur fond jaune ou vert. *Kien-lung*.

Haut. total, 33 cent.

230 — Grande potiche couverte, à fond bleu orné d'arabesques en dorure, décorée sur la panse de trois grandes réserves en forme de feuilles, chargées de chrysanthèmes et rochers, et six petites réserves à fleurs. Le couvercle, surmonté d'un chien, offre également trois réserves avec bouquets. *Kien-lung*.

Haut., 70 cent.

231 — Paire de vases-cornets avec renflement vers la partie médiane, décorés à la base d'une bordure à godrons, de paysages avec oiseaux, insectes et arbustes fleuris; le renflement présente sur fond jaune des rinceaux à fleurs de lotus et des carctères symboliques; à l'épaulement, bordure à fond vert piqué chargé de marguerites et quatre petites réserves avec attributs; enfin à la partie supérieure, deux grandes réserves : paysage montagneux, pagodes, etc., sur fond vert piqué à rinceaux et fleurs. *Kang-hi*.

Haut., 44 cent. 1/2.

SCULPTURES
BOIS, BRONZES, JADES, ÉMAUX CLOISONNÉS
DE L'EXTRÊME-ORIENT

232 — P‍anneau rectangulaire en bois, sur lequel est appliqué un vase simulé garni de fleurs, une branche avec papillon et autres accessoires, en laque de couleur et d'or. Travail japonais.

Haut., 58 cent.; larg., 43 cent.

233 — Deux panneaux rectangulaires en bois avec appliques en ivoire et incrustation de nacre représentant, l'un, deux oiseaux, l'autre, des herbages. Revers en laque noire. Travail japonais.

Haut., 67 cent.; larg., 42 cent.

234 — Deux tableaux peints sur tissu et représentant des paysages avec cours d'eaux, habitations et figures. Cadres de forme contournée, en bois, ornés d'appliques en jade et dessus en bronze formant poignée. Travail chinois.

Haut., 60 cent.; larg., 67 cent.

235 — Deux tableaux offrant, peint sur bois, un fond de ciel, sur lequel sont appliquées des matières dures : marbres, jades, etc., représentant des rochers, branches fleuries, arbustes et oiseaux formant paysages. Cadres de forme contournée, en bois, ornés d'appliques en jade, avec poignée de suspension en bronze ajouré. Travail chinois.

Haut., 60 cent.; larg., 67 cent.

236 — Statuette de femme debout en ivoire sculpté, socle en bois noir. Travail japonais.

Haut. totale, 33 cent.

237 — STATUETTE de femme debout, les yeux entr'ouverts, en bois sculpté. Ancien travail de l'Extrême-Orient.

Haut., 58 cent.

238 — COUPE en forme de fleur ouverte sur tige ; terrasse agrémentée d'une grenouille sur une feuille. Ancien bronze de l'Extrême-Orient.

Haut., 34 cent.

239 — PAIRE DE CORBEILLES à anses torsades mobiles, bronze et émail cloisonné. Ancien travail chinois. *Kien-lung*.

Haut., 10 cent.

N° 240

240 — PAIRE DE VASES COUVERTS, formant brûle-parfum en ancien émail cloisonné et bronze ciselé et gravé de Chine ; ils sont à deux anses, formées de dragons et trois pieds à tête d'éléphant. *Kien-lung*.

Haut., 28 cent.

241 — COUPE en jade blanc uni sur socle en bois de fer. Ancien travail chinois.

Haut., totale, 10 cent.; diam., 14 cent.

242 — Divinité boudhique accroupie en bronze doré au vernis, sur socle simulant une fleur de lotus. Travail ancien de l'Extrême-Orient.

Haut., 28 cent.

(*Collection tibétaine G... Novembre 1904.*)

Nº 243

243 — Statuette de divinité boudhique : *Amitayus*, sous les traits d'une femme accroupie, richement vêtue, ornée de bijoux et de pierreries incrustées, en bronze ciselé, gravé et doré ; elle repose sur un socle figurant une fleur de lotus. Ancien travail chinois.

Haut., 44 cent.

(*Collection tibétaine G... Novembre 1904*)

N° 270   N° 274   N° 273   N° 274   N° 272

ANCIENNES PORCELAINES DE SAXE

244 — Deux soucoupes à pâte gaufrée et décor de petits bouquets détachés en couleur.

Diam., 13 cent. 1/2.

245 — Coupe à bord contourné, décor en couleur à festons de fleurs, bordure à imbrication et dorure. Marque au point.

Long., 17 cent. 1/2; larg. 14 cent.

246 — Coupe oblongue à deux anses modelées en relief; décor de fleurs en couleur.

Long., 26 cent.; larg., 15 cent.

247 — Plateau oblong à bord contourné; décor en couleur dans le goût coréen : au centre, rocher, arbustes fleuris, oiseaux et papillons; bord relevé avec oiseaux [et fleurs sur fond jaune.

Long., 35 cent.; larg., 27 cent.

248 — Cabaret composé d'un plateau carré à coins en rocailles, quatre tasses et soucoupes, un sucrier couvert, une théière couverte, un crémier couvert, flacon à thé couvert et beurrier. Décor en couleur : imbrication et médaillons d'amours sur des nuages, fleurettes, etc.

Longueur et largeur du plateau, 36 cent.

249 — PETITE PYRAMIDE sur base carrée adhérente, pâte gaufrée en relief et décor de fleurs en couleur.
Haut., 21 cent.

250 — PAIRE DE PETITS BOUGEOIRS, décorés en couleur : petits médaillons de paysages et fleurs.
Haut., 5 cent. 1/2.

251 — PAIRE DE FLAMBEAUX à tige et base à rocailles modelées en relief, décor en couleur de branches fleuries et de bouquets.
Haut., 25 cent.

252 — GROUPE, formé d'un *cygne et de ses deux petits;* décor au naturel.
Haut., 14 cent.

253 — PAIRE DE PETITS OISEAUX sur tronc d'arbre ; décor en couleur au naturel.
Haut., 10 cent.

254 — PAIRE DE PERRUCHES sur tronc d'arbre; décor en couleur au naturel.
Haut., 14 cent.

255 — PAIRE D'OISEAUX sur tronc d'arbre ; décor en couleur au naturel.
Haut., 14 cent.

256 — OISEAU perché sur un tronc d'arbre; décor en couleur au naturel.
Haut., 20 cent.

257 — PAIRE D'OISEAUX perchés sur un tronc d'arbre; décor en couleur au naturel.
Haut., 24 cent.

258 — Deux perdrix; décor en couleur au naturel. Elles sont montées sur des terrasses ajourées à rocailles et feuillages en bronze ciselé et doré du temps de Louis XV.

Hauteur totale, 21 cent.

259 — Statuette de femme drapée, debout, figurant le *Printemps;* décor en couleur.

Haut., 13 cent. 1/2.

260 — Statuette d'enfant assis sur un socle, figurant la *Moisson;* décor en couleur.

Haut., 14 cent.

261 Statuette d'enfant debout coiffé d'un turban; décor en couleur.

Haut., 13 cent. 1/2.

262 — Statuette de fillette debout, un bras en avant; décor en couleur.

Haut., 12 cent.

263 — Statuette de *Berger joueur de flûte*, son chien auprès de lui; décor en couleur.

Haut., 15 cent.

264 Statuette de *Berger joueur de cornemuse;* décor en couleur.

Haut., 15 cent.

265 — Statuette, d'*Atlas* assis portant un globe céleste; décor en couleur.

Haut., 17 cent.

266 — Statuette de *gentilhomme* assis, son chien auprès de lui; décor en couleur.

Haut., 17 cent.

267 — Statuette d'enfant debout, la jambe droite levée, la tête couverte d'une feuille en guise de chapeau, décor en couleur.
Haut., 21 cent.

268 — Statuette analogue à la précédente.
Haut., 22 cent.

269 — Statuette analogue aux précédentes.
Haut., 23 cent.

270 — Statuette d'homme debout, en costume oriental, coiffé d'un turban ; décor en couleur.
Haut., 23 cent.

271 — Statuette d'homme debout, en costume oriental ; décor en couleur.
Haut., 23 cent. 1/2.

272 — Statuette de femme debout, en costume oriental, faisant pendant à la précédente ; décor en couleur.
Haut., 22 cent.

273 — Groupe de deux enfants figurant la *Musique*; décor en couleur.
Haut., 19 cent. 1/2.

274 — Deux statuettes faisant pendants, sur socles carrés : *Faune* et *Faunesse ;* décor en couleur.
Haut., 21 cent.

275 — Deux statuettes faisant pendants : *Berger jouant de la cornemuse.* — *Bergère avec sa houlette* ; décor en couleur.
Haut., 26 cent.

276 — Vase brule-parfum couvert, reposant sur une terrasse ornée de trois enfants nus ; décor en couleur.
Haut., 18 cent.

277 — Vase brule-parfum couvert, de forme analogue au précédent, la terrasse ornée de deux enfants nus; décor en couleur.

Haut., 17 cent.

278 — Paire de petits vases couverts, forme potiche, décorés en couleur de bouquets de fleurs. Chacun des couvercles est surmonté d'un bouton de rose modelé en relief.

Haut., 23 cent.

N° 281

279 — Paire de petits vases couverts à quatre pieds, de forme contournée; décor de rocailles feuillagées en relief et de bouquets de fleurs en couleur.

Haut., 21 cent.

280 — Vase avec son couvercle, à deux anses formées de branchages et de fleurettes en relief; décor en couleur de fleurs et feuillage. Un oiseau surmonte le couvercle. A la marque s'ajoutent les lettres K. H. C. W.

Haut., 23 cent.

281 — Grand vase couvert, forme potiche, décoré en couleur sur la panse d'une ample gerbe de fleurs et de petits bouquets détachés. Le couvercle est surmonté d'une pivoine entr'ouverte modelée en relief.

Haut., 41 cent.

ANCIENNES PORCELAINES EUROPÉENNES

DE FABRIQUES DIVERSES

282 — STATUETTE de *Mercure*, debout tenant son caducée, en ancienne porcelaine de *Louisbourg*, décorée en couleur.

Haut., 23 cent.

283 — STATUETTE de femme debout figurant la *Vérité*, sur socle carré à guirlandes, en ancienne porcelaine de *Niederwiller*, décorée en couleur.

Haut., 26 cent.

284 — PLATEAU OBLONG à quatre lobes, en ancienne porcelaine tendre de *Mennecy-Villeroi*, décorée en couleur de bouquets de fleurs. Marque en creux.

Long., 22 cent.; larg., 18 cent.

285 — BOUC SAUTANT, en ancienne porcelaine tendre, décor au naturel.

Haut., 13 cent.

286 — BOUDHA ACCROUPI, en ancienne porcelaine tendre; il est vêtu d'une ample robe à rayures et petits disques en couleur.

Haut., 13 cent.

287 — DEUX STATUETTES faisant pendants, figurant *Jupiter* et *Junon*, en ancienne porcelaine tendre, décorée en couleur.

Haut., 19 cent.

288 — IMPORTANT GROUPE figurant *Diane et Endymion*, en ancienne porcelaine tendre de *Naples* ou de *Buen-Retiro*, décorée en couleur.

Haut., 33 cent.

ANCIENNES FAIENCES FRANÇAISES
ET ÉTRANGÈRES

289 — CORBEILLE de forme ovale, à bord ajouré et lobé, en ancienne faïence à décor bleu avec armoirie au centre en couleur.

Long., 25 cent.; larg., 21 cent.

(*Collection Ploquin.*)

290 — CORBEILLE à deux anses et marli ajouré, en ancienne faïence fine, décorée en dorure; compartiments en spirale et mascarons ailés.

Long., 34 cent.; larg., 20 cent.

291 — SUCRIER A POUDRE en forme de fruits, en ancienne faïence fine vernissée. Monture en argent fondu ciselé et doré.

Haut., 13 cent.; larg., 22 cent.

292 — STATUETTE de personnage debout sur socle carré, en ancienne faïence fine décorée en couleur.

Haut. totale., 35 cent.

293 — JARDINIÈRE ou porte-bouquet à deux anses, en ancienne faïence du *Midi*, de forme contournée et décorée, en couleur.

294 — QUATRE PLAQUES rectangulaires en ancienne faïence italienne (Castelli). Sujets à personnages dans le goût de N. Lancret. XVIIIe siècle.

Long., 34 cent. 1/2; larg., 26 cent. 1/2.

295 — PLAT ROND en ancienne faïence italienne (Castelli), à décor en couleur. Au centre, empereur romain sur son char entouré de guerriers; au marli, compartiments chargés d'écussons, trophées et attributs militaires.

Diam., 44 cent.

296 — Plat rond de même faïence et décor analogue; au centre: Siège d'une ville.

Diam., 44 cent.

297 — Paire de plaques-appliques porte-lumières en ancienne faïence de *Niederwiller*, formées chacune d'un cartel à rocailles feuillagées, décoré en camaïeu rose d'un paysage, avec monuments en ruines et figures. Marquées au revers d'un B.

Haut., 60 cent.; larg. 34 cent.

298 — Plat ovale en ancienne faïence de *Nevers*, à décor bleu et manganèse dans le goût chinois; au centre, paysage avec personnages; au marli, rinceau de feuillage et fleurs.

Long., 42 cent.; larg.. 33 cent.

299 — Petit plat à marli ajouré et bord festonné, en ancienne faïence de *Marseille*, décoré en couleur de bouquets de fleurs. Marque de la *Veuve Perrin*.

Diam., 25 cent.

300 — Petit plat, semblable au précédent, même faïence et décor analogue.

Diam., 24 cent.

301 — Petit plat ovale, à marli ajouré et bord festonné, en ancienne faïence de *Marseille*, décoré en couleur de bouquets de fleurs. Marque de la *veuve Perrin*.

Long., 29 cent. 1/2; larg., 20 cent. 1/2.

302 — Assiette à bord contourné, en ancienne faïence de *Moustiers*, à décor polychrome offrant au centre, dans un médaillon circulaire : Saint-Michel terrassant le Dragon, sur fond de paysage et encadrement de rinceaux; au marli, guirlandes de fleurs avec culots.

Diam., 25 cent.

303 — Assiette de même faïence et décor analogue avec variante dans le médaillon central qui offre une allégorie de la *Musique*.

Diam., 25 cent.

N° 303

304 — Compotier à neuf lobes, en ancienne faïence hollandaise, à décor bleu. Au centre, ainsi que dans chaque compartiment, paysages ou marines avec personnages ou animaux.

Diam., 32 cent.

305 — Compotier semblable au précédent.

Diam., 32 cent.

306 — Flambeau en ancienne faïence de *Delft*, à décor bleu de feuillages et médaillons.

Haut., 18 cent.

307 — Vase ovoide en ancienne faïence de *Delft*, décorée en bleu de fleurettes et bordures à rameaux.

Haut., 18 cent. 1/2.

308 — Assiette en ancienne faïence de *Delft*, à décor polychrome, au *tonnerre*.

Diam., 22 cent.

309 — Assiette semblable à la précédente.

Diam., 22 cent.

310 — Assiette plate en ancienne faïence de *Delft*, à décor bleu. Au centre, monogramme à chiffres entrelacés avec couronne de comte; au marli, lambrequin avec feuillage fleuri réservé en blanc et culots à bouquets de fleurs.

Diam., 24 cent.

311 — Assiette plate semblable à la précédente.
Diam., 24 cent.

312 — Assiette plate, en ancienne faïence de *Delft*, à décor bleu. Au centre, monogramme à chiffres entrelacés avec couronne de comte, encadré d'une bordure à rinceaux de festons fleuris; marli à lambrequin et culot avec feuillage réservé en blanc sur fond bleu. Marquée du monogramme : A. P. K. R.
Diam., 23 cent.

313 — Assiette plate, semblable à la précédente.
Diam., 23 cent.

314 — Compotier à bord godronné et dentelé, en ancienne faïence de *Delft*, à décor polychrome rehaussé de dorure, dans le goût chinois; dans un paysage, une femme et un enfant auprès d'une table chargée de fleurs, avec rochers et oiseaux.
Diam , 18 cent. 1/2.

315 — Paire de chevaux marchant, sur terrasse rectangulaire, en ancienne faïence de *Delft*, décorée en couleur.
Haut., 21 cent.

316 — Plaque décorative rectangulaire en ancienne faïence de *Delft*, décor bleu à personnages chinois. Cadre ancien en bois sculpté.
Haut., 27 cent.; larg., 21 cent.

317 — Applique porte-lumière, de forme contournée, en ancienne faïence de *Delft*, à décor polychrome.
Haut., 27 cent.; larg., 17 cent.

318 — Applique de même forme, de même faïence que la précédente, à décor bleu.
Haut., 27 cent.; larg., 17 cent.

319 — Grande plaque-applique, de forme ovale, à bord relevé et contourné, en ancienne faïence de *Delft*, décor polychrome. Au centre, arbuste fleuri et oiseaux; bordure à fleurs avec réserves sur fond vert.

Haut., 43 cent.; larg., 39 cent.

320 — Grande plaque-applique semblable à la précédente.

Haut., 43 cent.; larg., 39 cent.

321 — Panneau décoratif formé de dix carreaux de revêtement en ancienne faïence de *Delft*, à décor polychrome rehaussé de dorure : sujet familial dans un fond de paysage.

Haut., 64 cent.; larg., 26 cent.

322 — Panneau décoratif semblable au précédent.

Haut., 64 cent.; larg., 26 cent.

323 — Compotier a bord lobé, de forme polygonale, en ancienne faïence de *Rouen;* décor polychrome au vase fleuri, corne et gerbes de fleurs.

Diam., 22 cent.

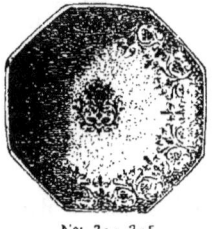

Nos 324-325

324 — Compotier octogonal en ancienne faïence de *Rouen*, à décor bleu et rouge. Au centre, corbeille fleurie ; au marli, riche lambrequin à rinceaux de feuillages et fruits. Marque G. S. en bleu.

Diam., 24 cent.

325 — Compotier octogonal semblable au précédent; même faïence, même décor, même marque.

Diam., 24 cent.

326 — Plat long à bord contourné, en ancienne faïence de *Rouen*, à décor polychrome. Au centre, corbeille de fleurs;

au marli, lambrequin avec médaillons en forme de trèfle et guirlandes de fruits et fleurs.

Long., 50 cent.; larg , 35 cent.

327 — PLAT LONG à pans coupés en ancienne faïence de *Rouen*, à décor polychrome. Au centre, corbeille avec gerbe fleurie; au marli, sur fond bleu, festons de fleurs et fruits réservés. Petite bordure à dent de loup.

Long., 50 cent.; larg., 41 cent.

(Collection Ploquin.)

328 — PLAT ROND CREUX en ancienne faïence de *Rouen*, décor analogue à celui du précédent.

Diam., 46 cent.

329 — PLAT ROND CREUX de même faïence, semblable au plat précédent.

Diam., 46 cent.

330 — PLAT ROND CREUX en ancienne faïence de *Rouen*. Décor polychrome dans le goût chinois. Au centre, paysage avec personnages, encadré d'une bordure à liseron; marli à douze compartiments dont huit à fleurs et oiseaux, et quatre avec rosaces en jaune sur fond bleu. Petite bordure externe à feuillage.

Diam., 45 cent.

331 — GRAND PLAT en ancienne faïence de *Rouen*, à décor bleu. Au centre, armoirie soutenue par deux lions héraldiques et timbrée d'une couronne; au marli, large lambrequin de style rayonnant à fleurons et ornements divers réservés en blanc sur fond bleu.

Diam., 56 cent.

332 — GRAND PLAT de même faïence, semblable au précédent.

Diam , 56 cent.

333 — GRAND PLAT ROND en ancienne faïence de *Rouen*, à décor bleu et rouge. Au centre, corbeille de fleurs et fruits ; au marli, riche lambrequin offrant des rinceaux et draperies avec motifs fleuris réservés en blanc sur fond bleu.

Diam., 55 cent.

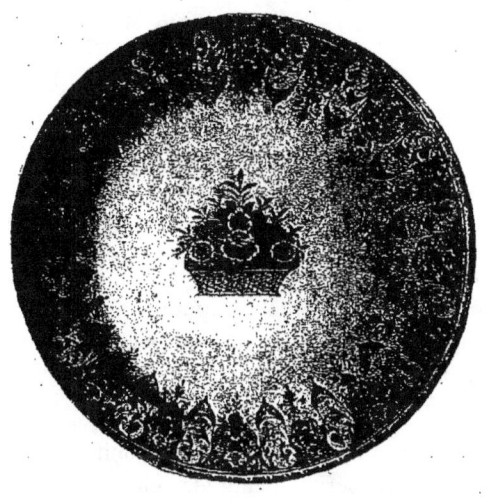

N° 333

BRONZES D'ART, ÉMAIL DE LIMOGES

OBJETS DIVERS

334 — Statuette en bronze patiné: *Vénus de Milo*. Edition de Barbedienne.
Haut., 30 cent.

335 — Groupe en bronze patiné. *Lutteurs*. Edition de Barbedienne.
Haut., 19 cent.

336 — Deux anciens bronzes de Barye : *Lion* et *Lionne* marchant.
Haut., 24 cent.; long., 39 cent.

337 — Statuette de femme debout, drapée à l'antique, tenant une fleur et un papillon, appuyée contre un vase en forme d'urne en bronze ciselé et doré. Socle en marbre vert de mer. Epoque Empire.
Haut., 34 cent.

338 — Corbeille ajourée avec anse mobile en bronze ciselé et doré, ornée de petits bouquets en soie de couleur dans des médaillons sous-verre. Epoque de la Restauration.

339 — Paire de vases couverts en cristal taillé; monture en bronze ciselé et doré. Socles en marbre jaune de Sienne. Epoque de la Restauration.
Haut., 31 cent.

340 — Plaque rectangulaire en ancien émail de Limoges, représentant le Christ en croix et deux saintes femmes, dans un cadre en cuivre ajouré du xviie siècle. Encadrement extérieur en bois sculpté avec à-jour, feuillage et figures de même époque.
Haut., 15 cent.; larg., 11 cent.

341 — Paire de flambeaux, formés de cristaux de roche taillés, assemblés et montés en argent. xviie siècle.

Haut., 25 cent.

342 — Baromètre à mercure en bois sculpté doré, orné de feuillages, fleurs et attributs, surmonté d'une couronne de laurier. Époque Louis XVI.

Haut., 1 m. 20 cent.

VITRAUX ANCIENS

343 — Deux vantaux de fenêtre comprenant six vitraux circulaires, dont quatre à sujets de personnages et deux à armoiries. xvie et xviie siècles.

Haut., 1 m. 60 cent.; larg., 37 cent.

(*Vente Marquis. Février 1890.*)

344 — Quatre panneaux renfermant chacun un vitrail à sujet religieux et armoiries. xviie siècle.

Haut., 41 cent.; larg., 37 cent.

(*Vente Marquis. Février 1890.*)

345 — Six panneaux étroits comprenant dix petits vitraux : armoiries et sujets religieux. xvie et xviie siècles.

Haut., 1 m 60 et 41 cent.; larg, 14 cent.

(*Vente Marquis. Février 1890.*)

346 — Deux vantaux de fenêtre comprenant quatre vitraux rectangulaires peints en couleur, à sujets de personnages avec inscriptions. xvie et xviie siècles.

Haut , 1 m. 60 cent.; larg., 50 cent.

(*Vente Marquis. Février 1890.*)

347 — Quatre panneaux rectangulaires comprenant quatre vitraux dont deux médaillons à personnages et deux armoiries. xviie siècle.

Haut., 41 cent.; larg, 50 cent.

(*Vente Marquis. Février 1890.*)

BRONZES D'AMEUBLEMENT

LANTERNE, LUSTRES. FLAMBEAU, CANDÉLABRES

348 — Lanterne d'antichambre Louis XVI, de forme cylindrique, à cage, en bronze à perles et pendeloques.

Haut., 60 cent.

349 — Deux cadres rectangulaires, de style Louis XVI, en bronze ciselé et doré, avec nœud de ruban et culot de feuillage; ils renferment un thermomètre et un calendrier.

Haut., 32 cent.

N° 353

350 — Paire d'appliques décoratives, à deux bras porte-lumières, en bronze ciselé, doré et argenté. Epoque Louis XIV.

Haut., 70 cent.; larg., 40 cent.

351 — Lustre à six lumières en bronze et cristaux. XVIIIe siècle.

Haut., 1 m. 35 cent. environ.

352 — Lustre à douze lumières en bronze doré et cristaux. Epoque Louis XVI.

Haut., 1 m. 35 cent. environ.
Diam., 1 m. 5 cent. environ.

353 — Flambeau à deux lumières en bronze, finement ciselé et doré, décoré de canaux avec feuillage à la partie médiane; base à tore de laurier, perle et feuille d'acanthe. Epoque Louis XVI.

Haut., 27 cent.

354 — **Paire d'importants candélabres** à six lumières en bronze patiné et bronze doré. Ils sont formés chacun d'une statuette de Vestale dans le goût de *Clodion*, portant une coupe sur laquelle s'appuie un vase ou urne ornée de bas-reliefs d'où s'échappe un bouquet de rinceaux feuillagés porte-lumières. Socle cylindrique à corniche et base ornementée, enrichi sur le fût d'une frise d'amours symbolisant les Arts et les Sciences. Base en marbre rouge veiné. Epoque Louis XVI.

Haut., 78 cent. environ.

MEUBLES ANCIENS ET DE STYLE
SIÈGES

355 — TABLE RECTANGULAIRE à quatre pieds tournés et traverse basse, ouvrant à tiroir, en bois. Epoque Louis XIII.
Long., 98 cent.; larg., 59 cent.

356 — MEUBLE D'ENCOIGNURE, de forme contournée, en bois de placage, ouvrant à deux portes, avec dessus de marbre; il est surmonté d'une étagère à quatre tablettes. Epoque Louis XV.
Haut. totale, 1 m. 80; larg., 62 cent.

357 — TABLE-ÉTAGÈRE rectangulaire à quatre pieds colonnettes, en acajou, ornée de baguettes, chapiteaux et bases en cuivre. Epoque Louis XVI.
Haut., 92 cent.; long., 70 cent.; larg., 45 cent.

358 — CONSOLE D'ENTRE-DEUX à tablette inférieure avec tiroir à la ceinture pouvant former tablette à écrire, en acajou et citronnier. Elle est ornée de baguettes et moulures en cuivre; dessus de marbre *porthor* encadré d'une galerie ajourée. Epoque Louis XVI.
Haut., 90 cent; long., 90 cent.; larg., 35 cent.

359 — MEUBLE D'ENTRE-DEUX ouvrant à portes avec tiroir en acajou orné de moulures à perles, baguettes et galeries ajourées en cuivre. Dessus de marbre blanc. Epoque Louis XVI.
Haut., 92 cent.; long., 1 mètre; larg., 34 cent.

360 — MEUBLE D'ENTRE-DEUX à hauteur d'appui, formant casier avec douze cartons en maroquin à bordure dorée, en acajou orné de baguettes et canaux en cuivre; dessus de marbre blanc avec galerie ajourée. Epoque Louis XVI.
Haut., 1 m. 15 cent.; long., 1 m. 34 cent.; larg., 43 cent.

361 — Petit meuble d'encoignure ouvrant à une porte, en bois de placage; dessus de marbre brèche d'Alep. Epoque Louis XVI.

Larg., 5o cent.

362 — Bureau plat, dit *Tronchin*, en acajou.

Long., 88 cent.; larg., 53 cent.

363 — Vitrine en acajou, ornée de baguettes de cuivre; dessus de marbre blanc avec galerie ajourée. Style Louis XVI.

Haut., 1 m. 5o cent.; long., 1 m. 15; larg., 40 cent.

364 — Meuble d'entre-deux ouvrant à deux portes vitrées et deux tiroirs avec étagère supérieure reposant sur colonnettes, en acajou orné de baguettes de cuivre; dessus de marbre bleu-turquin avec galerie ajourée. Style Louis XVI.

Haut., 1 m. 57 cent.; long., 1 m. 25 cent.; larg., 60 cent.

365 — Table-bureau plat, en marqueterie de cuivre, écaille et ébène dans le goût de Ch. Boulle, ornée de bronzes. Style Louis XIV.

Long., 1 m. 5o cent.; larg., 75 cent.

366 — Ameublement de salon comprenant six fauteuils Louis XVI, en bois finement sculpté, à dossiers rectangulaires avec colonnettes, accotoirs en balustres et pieds à canaux en spirales. Ils sont recouverts en tapisserie d'Aubusson, à corbeilles fleuries sur les sièges et attributs de musique sur les dossiers.

(*Vente Marquis. Avril 1886.*)

www.ingramcontent.com/pod-product-compliance
Lightning Source LLC
LaVergne TN
LVHW050621090426
835512LV00008B/1602